Schirner Verlag

für all die wunderbaren Tiere, mit denen ich kommunizieren durfte, und insbesondere für meine eigenen, die mich so unendlich viel gelehrt haben

danke, ihr habt meinen Weg geebnet und mir ein wunderbares Geschenk gemacht – ich darf meine Liebe leben

In diesem Buch verwende ich die persönliche Anrede »du«, weil ich dich, liebe Leserin, lieber Leser, direkt im Herzen erreichen möchte.

Beate Seebauer

Sprich mit deinen Tieren

Einführung in die Tierkommunikation

Schirner Verlag

ISBN Printausgabe 978-3-8434-5051-5

ISBN E-Book 978-3-8434-6029-3

Beate Seebauer:
Sprich mit deinen Tieren
Einführung in die
Tierkommunikation

Umschlag: Murat Karaçay, Schirner,
unter Verwendung von #35187093
(Sonja Haja), www.fotolia.com
Lektorat & Satz: Barbara Rave, Schirner
Printed by: Ren Medien GmbH, Germany

www.schirner.com

7. Auflage Mai 2019

Inhalt

Einführung

Liebe Leserin, lieber Leser,

ich freue mich von Herzen, dass du versuchen möchtest, mit Tieren zu sprechen, und deshalb nach diesem Buch gegriffen hast. Vielleicht wünschst du dir schon seit deiner Kindheit, die Tiere so zu verstehen wie Doktor Dolittle? Aber du glaubst, du kannst dies nicht und so etwas ist ohnehin nur in einem Film möglich? Dann muss ich dich leider enttäuschen: Jeder kann mit Tieren kommunizieren – auch du.

Mithilfe dieses Büchleins möchte ich dir Schritt für Schritt aufzeigen, wie es dir gelingen kann, Tiere zu verstehen. Alles, was dafür notwendig ist, trägst du bereits in dir. Du musst keine aufwendigen Techniken erlernen oder irgendwelche Riten durchführen. Das Einzige, was du zum Sprechen mit Tieren wirklich brauchst, ist der Wille, genau dieses zu tun. Wenn du dich öffnest und ein paar

einfache Regeln und Dinge beachtest, wirst du die Tiere verstehen können. Tierkommunikation ist wirklich ganz einfach!
Es gab Zeiten, da ging es mir ähnlich, ich war unsicher und hatte Zweifel. Ich wusste nicht, wie die Kommunikation mit unseren tierischen Freunden funktionieren sollte und stellte mir diese Art der Kommunikation schwierig und kompliziert vor. »Mit Tieren sprechen können nur Menschen mit ganz besonderen und außergewöhnlichen Begabungen«, glaubte ich zu dieser Zeit. Aber schließlich wurde ich eines Besseren belehrt. Heute nun, neun Jahre später, weiß ich, dass die Fähigkeit zur Tierkommunikation in jedem Menschen steckt. Ich mache diese Erfahrung erneut jedes Wochenende auf meinen Seminaren. Diese Fähigkeit muss nur »ausgegraben« und ans Licht gebracht werden; und genau dabei möchte ich dich unterstützen.

Dieses Büchlein soll dir ein Ratgeber, ein erster Wegweiser sein für die Entdeckung dieses Talents. Wenn du diesen Weg einschlägst, kann sich auch bei dir das Beste und Schönste ereignen, was mir je passiert ist: Du wirst mit Tieren sprechen können.

Ich wünsche dir von Herzen viel Spaß und Freude beim Entdecken und Ausprobieren der Tierkommunikation!

Tierkommunikation – was ist das?

Vielleicht hast du irgendwann einmal gehört, dass es Menschen gibt, die mit Tieren sprechen können, und fragst dich nun, wie dies funktionieren kann und auch, was Tierkommunikation eigentlich genau ist. Diese Fragen sind ganz einfach zu beantworten: Tierkommunikation ist die Fähigkeit, mental oder auch telepathisch mit einem Tier in Kontakt zu treten. Das Potenzial dafür steckt in jedem von uns.

Ganz bestimmt ist es dir in deinem Leben schon häufiger passiert, dass du an jemanden gedacht hast, und kurz darauf hast du diese Person getroffen oder sie hat sich bei dir gemeldet. Ein intensiver Gedanke an jemanden kann bereits eine mentale Kontaktaufnahme darstellen, die der andere spürt, und sich deswegen mit dir in Verbindung setzt. Unbewusst hast du also bereits erste Erfahrungen mit mentaler Kommunikation, mit Telepathie, gemacht. Du hast sie wahrscheinlich nur nicht als solche erkannt, weil diese Phänomene zumeist ganz nebenbei stattfinden. Wir beachten sie daher nicht weiter und nehmen sie deswegen auch nicht bewusst wahr. Telepathie bezeichnet den gedanklichen Austausch von Informationen. Eine solche »Gedankenübertragung« ermöglicht es dir auch, nur mithilfe eines simplen Fotos mit einem Tier zu »sprechen« – selbst wenn sich dieses kilometerweit von dir entfernt befindet. Das Foto dient dir als Hilfsmittel, das dir die Kontaktaufnahme zu dem Tier einfacher macht. Ein Bild von deinem Gesprächspartner zu haben, erleichtert dir den Aufbau der mentalen Verbindung. Daher ist die Verwendung eines Fotos insbesondere zu Beginn deiner Lernerfahrungen hilfreich und empfehlenswert.

Diese Art der Kommunikation hat nichts mit einer Interpretation des Charakters oder des Gesundheitszustands des Tieres aufgrund von Mimik oder Körperhaltung zu tun. Ganz im Gegenteil: Die Kommunikation mit einem Tier findet wie gesagt in der Regel mithilfe eines Fotos statt. Dieses sagt meistens wenig über den Ist-Zustand des Tieres aus, weil das Foto oft schon mehrere Monate oder sogar Jahre alt ist. Um wirklich etwas über die aktuelle Stimmung und die momentanen Gefühle eines

Tieres herausfinden zu können, ist es wichtig, dessen mentale Schwingungen aufzunehmen. Dies ist mithilfe einer gedanklichen Verbindung zwischen dir und deinem Tier möglich. Wie genau eine solche geknüpft werden kann, werde ich dir im Folgenden zeigen.

Wann ist Tier-kommunikation sinnvoll?

In erster Linie ist Tierkommunikation sinnvoll, wenn du den Wunsch hast, mit deinen Tieren zu sprechen. Dazu braucht es nicht unbedingt einen wirklichen Grund. Es ist einfach wunderbar, die Ansichten der eigenen Tiere zu erfahren. Sie wissen so vieles über uns Menschen, und wir können sehr viel von ihnen lernen. Allein mit den tierischen Erzählungen, die mir während meiner Arbeit als Tierbotschafterin zu »Ohren« gekommen sind, könnte man bereits etliche Bücher füllen. Diese Bücher könnten uns Menschen beispielsweise dabei unterstützen, Antworten auf bestimmte Lebensfragen zu erhalten. Meine beiden Hündinnen Felina und Safi haben ihre Botschaften für uns Menschen in »Tierische Seelenfreunde« und »Tierische Herzenswünsche« bereits zum Besten gegeben, und auch andere Tiere konnten den Menschen mittels dieser Bücher ihre Ansichten und Botschaften mitteilen. Es ist so bereichernd und lehrreich für uns Menschen, die tierischen Sichtweisen auf die Welt und auf das Zusammenleben mit uns Menschen kennenzulernen.

Meine eigenen Tiere wissen meistens, welchen Weg ich einschlagen sollte, und mittlerweile habe ich gelernt, auf ihre Ratschläge zu hören – immer!
Die Kommunikation mit Tieren kann uns aber nicht als eine Art Orakel für die Zukunft dienen. Dennoch können uns unsere Tiere Ratschläge geben, und sie weisen auch gern auf Disharmonien in unserem Umfeld hin.

Ich schreibe alle Gespräche mit Tieren auf, aus diesen Notizen können Dokumente für die Ewigkeit entstehen. Meine Felina – sie war ein wahrer Engel in Hundegestalt und ist 2007 leider verstorben – sagte stets zu mir: »Bedenke, meine Worte sind für immer bei dir, mein Körper kann das leider nicht sein.« Diese Aussage brachte mich damals sehr zum Nachdenken. Heute bin ich froh, dass ich all ihre wunderbaren Botschaften als niedergeschriebene Schriftstücke besitze. Ich kann sie bei Bedarf jederzeit wieder lesen und wieder fühlen.

Gespräche mit Tieren sind außerdem sinnvoll, wenn man etwas über die Wünsche und Bedürfnisse der eigenen

Tiere erfahren möchte oder auch, wenn Tiere Verhaltensauffälligkeiten zeigen, für die keine ersichtlichen Gründe vorliegen. Zudem ist es wichtig, den Tieren zu erklären, wenn eine Veränderung bevorsteht, sei es ein Umzug, ein Urlaub, ein Baby, das erwartet wird, ein weiteres Haustier, das einziehen wird, die Trennung von einem Menschen, der mit im Zuhause wohnt, oder vielleicht sogar die Trennung vom Tier selbst. Es ist für Tiere schrecklich, wenn sie nicht wissen, warum sie abgegeben werden oder warum man einen anderen Menschen für sie sucht. Oft fühlen sie sich schlecht und denken, sie hätten einen Fehler gemacht oder seien nicht gut genug für ihre Menschen. Besonders bei Pferden ist das der Fall, sie leiden dann meistens stumm und über eine sehr lange Zeit hinweg. Manche können den Verlust ihres Menschen sogar niemals vergessen und suchen die Schuld dafür nur bei sich selbst. Daher ist es dringend notwendig, jedem Tier zu erklären, aus welchem Grund man gezwungen ist, es abzugeben.
Glaube mir, das Tier fühlt sich bei Weitem nicht so schlecht, wenn es den Grund kennt, auch wenn es dennoch über eine solche Entscheidung nicht glücklich sein mag.

Ebenso sinnvoll ist es, das Gespräch mit einem Tier zu suchen, das seelisch oder körperlich krank ist, bei dem der

Tierarzt aber keine greifbaren Ursachen für die Symptome finden kann. Oftmals kann dir dein tierischer Freund einen Grund für sein Befinden nennen oder gar eine Stelle am Körper zeigen, die blockiert ist. Tiere, die sich auf den Weg ins Regenbogenland machen, sich also in der Sterbephase befinden, wünschen sich ebenfalls meist noch ein Gespräch mit ihren Menschen. Die Tierkommunikation kann auch dann noch heilsam sein, wenn das Tier bereits gegangen ist, und der Mensch den Verlust nicht verkraftet oder sich mit Schuldgefühlen plagt. Für uns Menschen können Gespräche mit unseren verstorbenen Lieblingen außerdem auf ganzer Linie heilend wirken, denn sie lassen ein Gefühl des Friedens in uns einkehren.

Du siehst, es gibt viele gute Gründe dafür, mit Tieren zu kommunizieren. Doch der wichtigste ist der, dass du mit der Tierkommunikation einfach die unglaublich tolle Möglichkeit hast, dein geliebtes Tier wirklich zu erleben und es zu verstehen.

Was kann durch die Kommunikation mit Tieren erreicht werden?

Die Kommunikation mit Tieren kann zu einem harmonischeren Zusammenleben von Menschen und Tieren führen – zumindest wenn man die Bedürfnisse und Wünsche der Tiere ernst nimmt. Man sollte Tiere stets als eigenständig denkende Lebewesen ansehen, denn nur dann können Menschen und Tiere von der Tierkommunikation profitieren. Wenn du bereit bist, die Bedürfnisse deines Lieblings wahrzunehmen und zu berücksichtigen, kannst du eine noch tiefere Verbindung zu deinem tierischen Freund eingehen, und eine wunderbare Freundschaft entsteht.

Versuche nicht, dein Tier zu verändern, weil du dir von ihm bestimmte Verhaltensweisen wünschst. Sei bereit,

mit deinem Tier Kompromisse einzugehen, dann finden sich Lösungen für alle Probleme. Wenn sich eine Thematik einmal nicht auflösen oder verändern lässt, hast du entweder etwas missverstanden, oder dein Tier möchte dir zeigen, dass nicht alles, was du für richtig und wichtig erachtest, für dein Tier ebenso wichtig ist.
Du wirst bei der Tierkommunikation viel über dich lernen, denn Tiere können dir dabei helfen, den einfacheren Weg zu finden und dich selbst zu erkennen. In deinem Leben kann sich dadurch vieles zum Positiven verändern. Die Beziehung zu deinem tierischen Gefährten wird von absolutem Vertrauen und bedingungsloser Liebe geprägt sein. Es fühlt sich so gut an, wenn dein Tier dir sagt, wie lieb es dich hat. Dies sind Momente, in denen du absolute Liebe und Hingabe erfährst.

Welche Rolle spielt das Verantwortungsgefühl bei der Tierkommunikation?

Jeder, der mit einem Tier spricht – sei es das eigene oder ein fremdes –, sollte sich stets bewusst sein, dass damit auch die Übernahme von Verantwortung einhergeht. Du bist dafür verantwortlich, immer wieder in dir nachzuspüren, ob die Worte, die du empfängst, wirklich die Antworten des Tieres sind. Überprüfe immer wieder, ob die Antworten nicht deinem Wissen oder deinen eigenen Überzeugungen entspringen.

Denke daran: Dies ist besonders wichtig, wenn du mit einem fremden Tier sprichst und die Antworten an dessen Tierhalter weitergibst. Jede Botschaft kann eine Handlung nach sich ziehen, und das kann im schlimmsten Fall auch eine unwiderrufbare Handlung sein. Ich möchte dir keine Angst machen. Aber Tierkommunikati-

on muss man üben, und zehn gute Gespräche mit Tieren machen noch längst keinen professionellen Tierbotschafter aus. Dazu gehört sehr viel Übung. Mit der Zeit wirst du Erfahrungen machen, die für dich sehr hilfreich sein werden. Dir ist sicherlich bewusst, wie unabdingbar es ist, sich immer wieder selbst zu überdenken und sich auch Zeit für das eigene Wachstum zu geben.
Jeder, der mit Tieren spricht, ist dafür verantwortlich, im eigenen Inneren aufzuräumen, sodass wirklich eine wertfreie Kommunikation stattfinden kann und das Ego außen vor bleibt. Deine spirituelle Entwicklung dauert ein Leben lang, und viele unserer Glaubenssätze und Glaubensmuster liegen im Verborgenen. Es ist, wie schon gesagt, nicht unbedingt immer sofort erkennbar, ob es sich bei den Gedanken, die dir während eines Tiergespräches kommen, um deine menschlichen Überzeugungen handelt oder wirklich um die Antworten des Tieres.

Ich weiß leider auch nicht, ob man als Mensch eine absolut wertfreie Kommunikation erreichen kann, aber ich übe täglich. Sicherlich gelingt es mir heute – neun Jahre nachdem ich mit der Tierkommunikation begann – wesentlich besser, die Antworten der Tiere von meinen eigenen Überzeugungen zu trennen.
Letztlich ist es nicht meine Aufgabe zu beurteilen, ob jemand das nötige Verantwortungsbewusstsein auf-

bringen kann oder nicht. Meine Aufgabe besteht darin, jedem Menschen mitzuteilen, wie wichtig es ist, verantwortungsvoll zu sein und zu handeln. Das für die Tierkommunikation mitzubringende Verantwortungsgefühl kann ich für dich leider nicht übernehmen, dafür musst du selbst sorgen.

Zur Verdeutlichung möchte ich dir die Geschichte einer Seminarteilnehmerin erzählen. Nennen wir sie Tanja. Tanja kam zu einem meiner Seminare. Sie war schon von Beginn an sehr verschlossen und wirkte traurig. In einer Pause erzählte sie mir, dass ihr Kater plötzlich im Wohnzimmer umgefallen und gestorben sei. Daraufhin beauftragte sie eine Tierkommunikatorin, ihren Kater nach der Todesursache zu befragen. Tanja liebte ihren Kater über alles und kam über seinen Verlust einfach nicht hinweg. Die Tierkommunikatorin berichtete ihr, dass der Kater Tanjas seelische Probleme nicht mehr ertragen konnte und sich deshalb entschieden hatte zu gehen. Damit war das Gespräch auch schon beendet.

Lassen wir diese Geschichte einmal auf uns wirken. Zeugt das Überbringen einer solchen Botschaft von Verantwortungsbewusstsein? Man muss sich nur einmal die möglichen Konsequenzen ausmalen, wenn man so etwas zu einem psychisch labilen Menschen sagt. Natürlich muss man nicht sofort vom Schlimmsten ausgehen, aber die negativen Gefühle und auch die Schuldgefühle, die solche Aussagen hervorrufen, können einem Menschen wirklich zu schaffen machen und vielleicht sogar das weitere Leben maßgeblich beeinflussen. Tiere würden uns niemals mit Schuldgefühlen zurücklassen, eine Aussage dieser Art kann nur von einem Menschen kommen. Sie entspringt keiner wertfreien Kommunikation, sondern ist von Urteilen und Vorurteilen geprägt. Das kennen Tiere nicht.

In diesem Fall war der Kater sehr froh, als ich mit ihm Kontakt aufnahm. Er erzählte mir, dass er eine Hirnblutung gehabt hätte und deswegen gestorben sei. Er war froh, dass endlich jemand die Schuldgefühle von seiner geliebten Frau nehmen konnte. Manch einer mag sich jetzt vielleicht fragen, wie es möglich ist, dass der Kater diese präzise Diagnose machte. Die Erklärung ist ganz einfach. Je mehr Wissen du in dir trägst, desto genauer können die Angaben sein. Da ich selbst über medizinisches Fachwissen verfüge, ist so eine Aussage möglich. Bei Menschen ohne dieses Wissen hätte er vielleicht von einem plötzlichen Schmerz im Kopf gesprochen.

Tiere möchten nicht, dass wir uns schuldig fühlen, das widerspricht ihrem Denken und ihrem Sein. Tiere sind reine

und bedingungslose Liebe, ihre ganze Essenz spiegelt dieses Gefühl wider.
Darum überprüfe deine Empfindungen immer wieder, und wenn du in Bezug auf die erhaltenen Antworten unsicher bist, frage lieber noch einmal nach oder hole eine weitere Meinung ein. Es ist keine Schande, um Rat zu fragen, ganz im Gegenteil! Dies zeigt wahres Verantwortungsbewusstsein.

Wie stellt man den Kontakt zu einem Tier her?

Im Grunde reicht es schon aus, wenn du den Namen des Tieres in Gedanken nennst oder einfach nur an das Tier denkst. Wir Menschen haben oft Schwierigkeiten mit der Vorstellung, dass für eine Verbindung zu einem Tier nicht mehr erforderlich ist. Deswegen bauen wir lieber eine bewusste Verbindung auf. Der Aufbau einer solchen Verbindung ist so einfach wie Telefonieren und funktioniert auch so ähnlich. Wenn du dich nicht »verwählst«, hast du deinen gewünschten Gesprächspartner am Apparat – ebenso ist es bei der Tierkommunikation. Falls du dich nicht »verwählst«, hast du das Tier »in der Leitung«.

Verknüpfe dich mit deinem Tier in einer sogenannten Herz-zu-Herz-Verbindung. Wie dies im Detail funktioniert, erfährst du im entsprechenden Kapitel. Dazu stellst du dir einen Regenbogen vor, der dein Herz mit dem Herz des Tieres verbindet. Über diesen Regenbogen schickst du als Nächstes deine Fragen an das Tier, anschließend erhältst du auf demselben Weg deine Antworten. Die Übertragung der Antworten kann in Form von Gefühlen, Bildern und/oder Worten geschehen, und ist in der Regel so schnell, dass du gar keine Zeit zum Überlegen hast.

Es gibt viele Übungen, die die mentale Kommunikation mit unseren tierischen Freunden unterstützen können. Bevor wir zum eigentlichen Ablauf eines Tiergespräches kommen, möchte ich dir einige davon zeigen. Außerdem möchte ich dir im Folgenden verschiedene Möglichkeiten zur Wahrnehmung der Tierbotschaften vorstellen.

Hellhören

Die Wahrnehmung Hellhören ist bei den meisten Menschen aktiviert. Wenn du jemand bist, der sich eine Geschichte sehr gut merken kann, nachdem ihm diese mündlich erzählt wurde, kannst du davon ausgehen, dass dein auditiver Sinn stark ausgeprägt ist. Dies lässt wiederum den Schluss zu, dass du die Antworten deines tierischen Gesprächspartners wahrscheinlich hellhörend empfangen wirst.

In der Tierkommunikation bedeutet Hellhören, dass die Antworten des Tieres als Gedanken wahrgenommen werden. Viele Menschen stellen sich vor, dass beim Hellhören eine Stimme, deren Ursprung nicht erkennbar ist, von außen zu ihnen spricht. Leider haben diese Fähigkeit nur sehr wenige Menschen. Dieses Talent wird als »objektives Hellhören« bezeichnet.
Die Kommunikationsform Hellhören findet aber meist in Gedanken statt. Innerlich hört sich dies an, als würdest du mit dir selbst sprechen. Man spricht in diesem Zusammenhang auch vom »subjektiven Hellhören«. Bei dieser Form der Gedankenübertragung kann häufiger das Gefühl auftauchen, das Empfangene seien eigene Gedanken und nicht die Antworten des Tieres.

Ich möchte dich vorab schon einmal beruhigen: In den seltensten Fällen sind es wirklich deine Gedanken, meistens sind es ist die Antworten des Tieres. Das wirst du mit zunehmender Zeit und Übung zu unterscheiden lernen. Führe möglichst viele Tiergespräche, und sprich auch mit fremden Tieren. Dadurch hast du die Möglichkeit, von deren Besitzern ein Feedback zu erhalten. Sie können dir sagen, ob du die »richtigen« Botschaften von ihren Tieren empfangen hast. Für dein Wachstum, den Glauben an dich und das Vertrauen in dich selbst, ist das sehr wichtig. Später dann, wenn du schon ein wenig Übung hast, wirst du die Antworten in einer anderen Klangfarbe als die deiner eigene Stimme wahrnehmen können. Das vereinfacht die ganze Sache natürlich. Eventuell hörst du dann einen brummigen Unterton, eine helle piepsige Stimme, einen »Macho«, jemanden, der in vornehmen Worten spricht, oder eine tiefe Stimme. Die Klangfarben der Stimmen sind sehr unterschiedlich und verschieden – eben wie die Charaktere der Tiere selbst.

Sollte deine auditive Wahrnehmung besonders ausgeprägt sein, könnte das Gespräch mit einem Tier folgendermaßen aussehen:

> **Frage:** »Was frisst du gern?«
> **Wahrnehmung:** Du hörst eine innere Stimme, die dir die Antwort sagt.
> **Antwort:** »Ich mag gern Fleisch, Karotten, Reis, Zucchini aus einer leuchtenden Schüssel.«

Es ist ganz wichtig, dass du die gehörten Worte nicht durch andere ersetzt. Gib sie genau so weiter, wie du sie empfangen hast, sonst ist die Kommunikation nicht authentisch. Sollten die Sätze grammatikalisch falsch sein, verändere sie trotzdem nicht. Bei manchen Tieren gehört das zum Typ.

Dazu passt die Geschichte meines bereits verstorbenen Terriermischlings Fijack. Fijack war ein toller Hund, er hat mich überhaupt erst auf diesen Weg gebracht. Irgendwann brach bei ihm eine schwere Krankheit aus, und es ging ihm immer schlechter. Ich wollte so gern wissen, was er brauchte und sich wünschte. Schließlich erzählte mir eine Freundin, dass es Menschen gebe, die mit Tieren sprächen. Ich war damals überglücklich und suchte mir sofort jemanden, der mit ihm sprechen konnte. Das Gesprächsprotokoll, das ich erhielt, war sehr »wirr«. Die Sätze waren sehr kurz und teilweise unlogisch. Dies, sowie weitere Details waren für mich aber die Bestätigung, dass die Antworten wirklich von meinem Hund stammen mussten, denn sie passten zu seinem Wesen. Außerdem wuchs in seinem Kopf ein Tumor. Dieser konnte nach meinem Verständnis ebenfalls zu einigen wirren Aussagen geführt haben. Der ganze Sprachstil des Gesprächsprotokolls war typisch für Fijacks Verhalten und für seinen Charakter. Es passte alles »wie die Faust aufs Auge«.

Du siehst, wie wichtig es auch für die Menschen eines Tieres ist, nichts abzuändern, sondern alle Worte genau so weiterzugeben, wie sie empfangen wurden.

Hellsehen

Wenn du während eines Tiergespräches die Antworten des Tieres überwiegend in Form von Bildern wahrnimmst, verfügst du über die Fähigkeit des Hellsehens. Menschen, die sich eine Erzählung am besten merken können, wenn sie sich dazugehörige Bilder vorstellen, haben eine ausgeprägte visuelle Wahrnehmung.

Wenn man die Bilder so genau wie möglich beschreibt, kann daraus eine große Geschichte entstehen. Erscheinen dir bei der mentalen Kommunikation mit einem Tier Bilder, ist es sehr wichtig, diese anschließend exakt zu beschreiben, denn sie sind die Antworten auf deine Fragen. Manchmal zeigen sich die Bilder sehr verschwommen, und gerade am Anfang kann es dir vielleicht schwerfallen, genaue Details wahrzunehmen.

Du kannst das Tier dann bitten, dass es dir die Bilder langsam senden soll, sodass du sie deutlicher sehen kannst. In der Regel wird dann alles klarer, und falls nicht, übe einfach weiter. Übung macht bekanntlich den Meister.

Es kommen natürlich auch Bilder, mit denen du gar nichts anfangen kannst. In solchen Fällen solltest du einfach einmal nachfragen, was gemeint ist, oder du versuchst herauszufinden, welche übertragene Bedeutung das Bild haben könnte. Das Bild einer Wolke kann zum Beispiel Wohlsein, flauschig, luftig oder Ähnliches bedeuten. Es

kann aber auch im übertragenen Sinne einen emotionalen Zustand beschreiben. Eine Gewitterwolke zum Beispiel kann auf Disharmonie, »Gewitterstimmung«, also auf Streit oder Sonstiges hinweisen.
Manchmal siehst du als Antwort nur eine Farbe. Diese kann auf bestimmte Organe oder Emotionen oder auf ein Chakra – Chakren sind Energieräder in unserem Körper – hinweisen. Am Ende dieses Kapitels werde ich dir die Farben und ihre wichtigsten Bedeutungen zusammenfassen.

Sollte deine Fähigkeit des Hellsehens besonders ausgeprägt sein, könnte das Gespräch mit einem Tier folgendermaßen aussehen:

> **Frage:** »Was frisst du gern?«
> **Wahrnehmung:** Du siehst ein Bild von einem silbernen Napf, der auf einem Fliesenboden steht. Dieser Napf ist gefüllt mit Reis, Karotten, Zucchini und Fleisch.
> **Antwort:** »Das Tier frisst gern Fleisch mit Reis, Karotten und Zucchini. Das Futter befindet sich in einem silbernen Napf, der auf einem Fliesenboden steht.«

Du siehst, auch wenn man Bilder als Antworten empfängt, kann man daraus verständliche, klare Botschaften ableiten. Es ist wichtig, die Bilder genau zu beschreiben, um ein nachvollziehbares und dennoch authentisches Gesprächsprotokoll zu erhalten.

Hellfühlen

Vielleicht gehörst du aber auch zu den Menschen, die feinfühlig veranlagt sind. Wenn es dir leichtfällt, die Gefühle von anderen wahrzunehmen, oder wenn du dir eine Geschichte gut merken kannst, sobald du sie mit Emotionen verknüpfst, bist du wahrscheinlich hellfühlend. Sollte diese Fähigkeit bei dir gut ausgeprägt sein, erhältst du die Antworten des Tieres wahrscheinlich in Form von Gefühlen.
Jetzt fragst du dich vielleicht, wie du die Antwort auf die Frage nach dem Futter als Gefühle erhalten kannst.

Auf die Frage »Was frisst du am liebsten?« **weißt** du einfach auf einmal, dass das Tier am liebsten aus einem silbernen Napf frisst, der auf einem Fliesenboden steht und mit Fleisch, Gemüse und Reis gefüllt ist. Du hast ein Gefühl des »Wissens«, deine Intuition meldet sich. Ich gebe zu, diese Art der Wahrnehmung verlangt sehr viel Glau-

ben und Vertrauen in dich selbst, doch auf deine innere Stimme zu hören, ist nicht nur bei der Tierkommunikation sehr sinnvoll, sondern auch in anderen Lebensbereichen. Menschen mit hellfühlenden Fähigkeiten nehmen die Emotionen der Tiere meistens sehr intensiv wahr.
Es fällt dir dann besonders leicht, einen Gefühlszustand zu erspüren und dadurch zu wissen, wie sich ein Tier fühlt. Auf die Beispielfrage bezogen, nimmst du auch auf der emotionalen Ebene wahr, ob das Tier sein Fressen mag, indem du ein gutes oder ein schlechtes Gefühl dazu erhältst.

Es ist für die Tierkommunikation völlig gleichgültig, ob du hellsichtig, hellhörend oder hellfühlend bist. Eventuell sind bei dir sogar bereits von Anfang an alle diese Sinne vorhanden. Wenn nicht, dann sei bitte nicht traurig. In der Regel hat jeder Mensch, wenn er mit der Tierkommunikation beginnt, schon zwei funktionierende Wahrnehmungskanäle. Mit genügend Übung kannst du nach und nach alle diese Wahrnehmungsformen erlernen. Es ist wie bei einem Radiosender, bei dem der Empfang nicht gut ist, du suchst dann so lange nach der richtigen Frequenz, bis die Töne klar und deutlich aus dem Lautsprecher kommen. Mit den Wahrnehmungskanälen verhält es sich ebenso, sie möchten einfach nur richtig eingestellt werden.

Bei manchen Menschen sind diese Fähigkeiten aber auch teilweise so stark ausgeprägt, dass sie sogar den Duft des Futters oder seinen Geschmack wahrnehmen können. Für die Tierkommunikation ist dies aber nicht wirklich notwendig, denn auch die Wahrnehmung der tierischen Botschaften über nur einen einzigen Kanal führt dich zum Erfolg.

Sensitivitätsschulung

Es gibt Übungen, die dir dabei helfen können, deine Sensitivität zu schulen und damit deine Wahrnehmungsfähigkeit zu steigern. Ich stelle dir im Folgenden jeweils Übungen vor, die dich dabei unterstützen können, deine unterschiedlichen Sinne zu schärfen.

Übungen zum Hellhören

Hellhören zu üben, ist nicht so einfach. Das anschließende Überprüfen, ob man richtig lag, kann sich schwierig gestalten. Möglich ist zum Beispiel, dass du dir ein Lied mit all seinen Tönen vorstellst beziehungsweise in deinem Kopf »anhörst«.

Eine Möglichkeit, deine Fortschritte im Hellhören zu testen, ist diese: Du stellst einem Tier während eures Gespräches Fragen, deren Richtigkeit du hinterher durch Nachfragen bei seinen Menschen überprüfen kannst. Beispielsweise könntest du deinen tierischen Gesprächspartner nach den Namen seiner Angehörigen fragen, falls du diese nicht kennst.

Nach dem gleichen Prinzip funktioniert die folgende Übung, nur kannst du die Richtigkeit der vernommenen Antwort noch schneller kontrollieren.
Zunächst brauchst du für diese Übung einen Partner. Setzt euch gegenüber, und haltet euch an den Händen. Einer von euch ist der »Sender«, der andere ist der »Empfänger«. Stellt euch beide einen Regenbogen vor, der euch, »Sender« und »Empfänger«, verbindet. Dann denkt der »Sender« an eine bestimmte Farbe – diese sollte er sich innerlich wirklich sehr gut vorstellen. Sieht er die Farbe klar und deutlich vor seinem inneren Auge, spricht er im Geiste den Namen der Farbe aus und drückt die Hände des »Empfängers«. Dadurch weiß der Empfänger, dass ihm eine Farbe »geschickt«

wurde. Der erste Gedanke, das erste Bild, das auftaucht, ist die Antwort. Denke daran, wirklich das Erste, was kommt. Sobald du anfängst nachzudenken, hat sich dein Verstand eingeschaltet.

Übungen zum Hellfühlen

Lasse dir von einer Freundin oder einem Freund einen Gegenstand geben. Nimm diesen in die Hand. Spüre dich in den Gegenstand hinein, und dann lasse ihn dir etwas über den Menschen erzählen, dem er gehört. Du denkst dir jetzt vielleicht: »Aber ich kenne den Besitzer doch!« Das stimmt schon. Aber der Gegenstand kann dir Dinge erzählen, die du gar nicht weißt und die für seinen Besitzer jedoch wichtig sind.

Des Weiteren kannst du deine Sensitivität folgendermaßen schulen: Schneide aus einer Zeitung einen Artikel mit positivem und einen mit negativem Inhalt aus. Stecke jeden jeweils in einen Briefumschlag. Dann richte deine Aufmerksamkeit auf dein Herz. Nimm einen Umschlag in die Hand, und fühle, welche Art

Energie sich in deinem Herzen ausbreitet. Ist es eine positive oder eine negative Energie? Fühle ganz genau hin, und spüre dich intensiv hinein. Lasse dich völlig in dieses Kuvert ziehen. Dann überprüfe, ob du mit deinem Empfinden richtig gelegen hast.

Übungen zum Hellsehen

Schaue dir eine Blume ganz genau an. Präge dir etwa eine Minute lang so gut es geht jede Einzelheit ein –, jedes Blatt, die Farbe, die Struktur, einfach jedes kleinste Detail. Dann schließe deine Augen, und versuche, dir die Blume so detailliert wie möglich vor deinem inneren Auge vorzustellen. Dann beschreibe die Blume so genau wie möglich. Die gleiche Übung kannst du natürlich auch beispielsweise mit einem Bild oder Ähnlichem machen.

Eine weitere Übung zum Hellsehen ist folgende: Nimm drei Fotos mit unterschiedlichen Motiven, und stecke sie jeweils in ein Kuvert. Nimm die Umschläge nun nacheinander in die Hand, und versuche, vor deinem inneren Auge ein Bild zu erkennen. Stelle dir innerlich Fragen, die mit den drei Fotos zusammenhängen. Dann warte und beobachte, welche Bilder in dir auftauchen. Schreibe deine Eindrücke mit allen Details auf. Dann überprüfe, ob du richtig gelegen hast.

Bestimmt erinnerst du dich auch immer wieder gern an ein wunderschönes Erlebnis, das du einmal hattest, zum Beispiel an einen Urlaub, eine Begegnung oder an etwas anderes, das dich glücklich gemacht hat. Schließe nun deine Augen, und versuche, dich genau an den Ort zurückzubringen, genau zu dieser Situation, die dich damals so bewegt hat. Rufe dir jede Einzelheit in Erinnerung, stelle dir jedes Detail vor deinem geistigen Auge vor, und versuche, auch das Gefühl wieder zu spüren, das du damals in dir hattest. Mit dieser Übung kannst du sowohl das Hellfühlen als auch das Hellsehen üben.

Übung zum Hellriechen und Hellschmecken

Verbinde dir die Augen. Lasse dir von einer Freundin, einem Freund oder einem Familien-

mitglied ein Gewürz geben, und rieche daran. Versuche zu erkennen, welches Gewürz es ist. Du wirst erstaunt sein, wie schwierig das ist. Dann probiere es mit Früchten und Gewürzen. Versuche, die Frucht oder das Gewürz anhand des Geschmacks zu erkennen. Verbinde dir dazu ebenfalls die Augen, und nimm dann die Frucht oder das Gewürz in den Mund. Es hört sich eigentlich ganz einfach an, doch auch du wirst feststellen, wie ungeschult unsere Sinne sind und wie schwer wir uns tun, ohne Hilfe der Augen die Frucht bzw. das Gewürz zu erkennen. Meistens fällt es uns sehr schwer, nur anhand des Geruchs oder des Geschmacks eine Frucht beziehungsweise ein Gewürz zu erkennen, obwohl wir in der Regel jedes Gewürz oder jede Frucht, wenn wir daran riechen oder schmecken, mit geöffneten Augen sofort zuordnen können. Mit geschlossenen Augen ist dies jedoch ganz anders.

Du siehst, es gibt viele Übungen, die dir helfen können, deine Sinne zu schärfen. Je mehr du übst, umso leichter fällt es dir, deinen Sinneseindrücken zu vertrauen. Das Schwierigste bei der mentalen Kommunikation ist es, sich selbst und seinen Wahrnehmungen zu vertrauen.

Wenn du dich aber auf dieses »Spiel« einlässt, lernst du in jedem Fall, dir selbst zu glauben, zu vertrauen und deine Empfindungen nicht mehr so häufig infrage zu stellen. Ist es nicht wunderbar, dass dies durch die mentale Kommunikation mit einem Tier oder aber auch mit deinen geistigen Helfern möglich ist? Natürlich können auch andere Lebenserfahrungen dein Vertrauen in dich selbst stärken, aber wenn du dich bei der mentalen Kommunikation nicht mehr anzweifelst, wirst du dies auch in anderen Lebensbereichen nicht mehr tun. Dieses Vertrauen in sich selbst und den Glauben an die eigenen Fähigkeiten erlangt man selbstverständlich nicht von heute auf morgen. Manche Menschen brauchen dazu vielleicht auch länger als andere.

Das ist in der Regel davon abhängig, wie weit du deinen spirituellen Weg schon gegangen bist, und wo du im Moment stehst. Das Geschenk des Glaubens an dich und an die Welt wirst du irgendwann erhalten, und es ist auf jeden Fall der Mühen wert. Je mehr du selbst dafür tust, umso schneller tritt dies ein. Dein Motto sollte also sein: Üben, üben, üben …

Farben und ihre Bedeutung

Rot

Die Farbe Rot steht im Zusammenhang mit dem Zuhause des Tieres, dem Beruf des Tierbesitzers, mit den Empfindungen Vertrauen und Sicherheit, den Emotionen Wut und Zorn sowie mit zu viel Aktivität. Sendet ein Tier dir diese Farbe, sollte das Zusammenleben des Tieres und seiner Menschen überprüft werden. Es könnte sein, dass sich das Tier mehr Vertrauen und Sicherheit wünscht. Außerdem könnte Rot darauf hindeuten, dass das Tier zu viel Energie in sich trägt. Ein solches Tier bewegt sich sehr viel und kann nur schlecht entspannen.

In Bezug auf den Körper und die Organe des Tieres steht die Farbe Rot für: das Skelettsystem, das Lymphsystem, die Beine, die Füße, die Nase und den Kreislauf. Es könnte sein, dass das Tier in einem dieser Bereiche Probleme hat.

Orange

Die Farbe Orange deutet auf »Anregung« hin. Siehst du während eines Tiergespräches diese Farbe, könnte dies bedeuten, dass eine bestimmte Situation oder ein Zustand angeregt werden müsste. Orange kann aber auch vom Tier gesendet werden, wenn es sehr träge oder resigniert ist, zum Beispiel weil es vielleicht schon länger krank ist.
Orange steht jedoch auch für Heiterkeit und Frohsinn. Möglicherweise wünscht sich das Tier mehr Heiterkeit und Frohsinn von seinen Menschen oder für sich selbst.

In Bezug auf den Körper und die Organe des Tieres steht die Farbe Orange für die Geschlechtsorgane, die Harnorgane, die Nieren und das Nierenbecken.

Indigo

Die Farbe Indigo steht für geistiges Bewusstsein, Intuition, außersinnliche Wahrnehmung und den sechsten Sinn. Empfängst du in einem Tiergespräch diese Farbe, könnte sie darauf hindeuten, dass du mehr auf deine Intuition hören oder deine Wahrnehmungen besser und intensiver schulen solltest.

In Bezug auf den Körper und die Organe des Tieres steht die Farbe Indigo für das Hormonsystem.

Gelb

Siehst du die Farbe Gelb, möchte dich das Tier möglicherweise auf Ungleichgewichte in den Bereichen Macht, Kontrolle, Freiheit, Persönlichkeit, Verantwortung, Geiz und Neid aufmerksam machen, oder es schickt dir Aufmunterung, Freude und Glück. Das Tier möchte dir mithilfe der Farbe Gelb wahrscheinlich übermitteln, dass du die Kontrolle aufgeben solltest oder dass es selbst eine große Persönlichkeit hat oder dass du die Verantwortung für eine bestimmte Situation übernehmen solltest. Vielleicht möchte es aber auch Freude und Glück in sein Heim bringen oder wünscht sich dies.

In Bezug auf den Körper und die Organe des Tieres kann Gelb auf Probleme mit den Verdauungsorganen, dem Magen, der Leber, der Galle, der Milz, dem Dünndarm, dem Dickdarm, der Haut, den Augen, der Muskulatur und dem Bindegewebe hinweisen.

Grün

Grün bedeutet bedingungslose Liebe. Das Tier möchte mit dieser Farbe seine bedingungslose Liebe übermitteln. Grün steht für Beziehungen und Akzeptanz. Entweder möchte dir das Tier sagen, dass du mehr Zeit mit ihm verbringen solltest oder dass du deine Beziehungen überdenken oder eine Situation akzeptieren solltest.

In Bezug auf den Körper und die Organe des Tieres steht Grün für das Herz, das Immunsystem, die Atmungsorgane, den Kreislauf und die Thymusdrüse.

Himmelblau

Sendet dir das Tier die Farbe Blau in den Nuancen des Himmels, möchte es dir etwas zu den Themen Annehmen, Kommunikation und Inspiration mitteilen. Es möchte dir vielleicht sagen, dass du auf deine Worte achten oder die Kommunikation mit ihm vertiefen solltest. Es rät dir möglicherweise aber auch, eine Situation anzunehmen oder auf deine Intuition zu hören.

In Bezug auf den Körper und die Organe des Tieres geht es bei der Farbe Himmelblau um den Stoffwechsel, die Ohren, den Hals, den Nacken und die Schultern. Außerdem dient die Farbe Blau der Beruhigung und der Angstlinderung.

Da die Farben für ganz unterschiedliche Bereiche und Emotionen stehen, ist es natürlich erforderlich, durch das Stellen von Folgefragen weiterzuforschen. Auf diese Weise findest du schnell einen Anhaltspunkt für das eigentliche Thema – wenn du es nicht sogar schon kennst. Meistens geht es um die Beziehung von Mensch und Tier. Mit viel Übung und vielen Gesprächen kannst du die Antworten bestimmt schnell deuten.

Wie läuft ein Tiergespräch ab?

Bevor du jetzt gleich loslegst und mit einem Tier in Kontakt trittst, möchte ich dir noch zeigen, wie ein Tiergespräch im Allgemeinen ablaufen sollte.
Erst einmal ist es wichtig, den Menschen, zu dem das Tier gehört, um Erlaubnis zu fragen, wenn du nicht mit deinem eigenen Tier kommunizierst. Natürlich kannst du auch in der freien Wildbahn ein Tier ansprechen und es direkt bitten, mit dir zu kommunizieren.
Eine heikle Angelegenheit ist jedoch die Kommunikation mit Tieren, von denen du denkst, dass sie nicht gut behandelt werden. Durch die Kontaktaufnahme schöpft das Tier möglicherweise die Hoffnung, dass sich in seinem Leben etwas zum Besseren verändert. Es schüttet dir vielleicht sein Herz aus – vor allem dann, wenn du es gezielt nach dir bereits bekannten Missständen fragst. Tiere sind in der Regel gegenüber ihren Menschen sehr

loyal. Aber vielleicht sagt dir das Tier trotzdem, dass es gern häufiger spazieren gehen würde oder dass es nicht glücklich darüber ist, in einem Zwinger gehalten zu werden. Du solltest dich in solch einem Fall daher vorher fragen: »Wie weit bin ich bereit zu gehen?«
Würdest du mit den Menschen über die Belange ihres Tieres sprechen und dich bis ins Letzte für das Tier einsetzen? Oder geht es dir in erster Linie um die Bestätigung deiner Vermutung, dass die Menschen ihr Tier nicht so gut behandeln? Dass man sich gegebenenfalls für das Tier einsetzt, sollte die Intention des Tiergespräches sein, und nicht die, eine Bestätigung für das eigene Ego-Denken zu erhalten. Wenn du bereit bist, für das Tier einzustehen, dann kannst du die Kommunikation mit ihm auch ohne Erlaubnis seiner Besitzer wagen. Das Verständnis der Menschen für dein Anliegen wird aber wahrscheinlich nicht besonders groß sein, wenn du Kritik am Umgang mit dem Tier äußerst.

Natürlich solltest du bei Missständen auf keinen Fall wegschauen. Manchmal ist es aber auch sinnvoller, ohne mit dem Tier zu sprechen, einen anderen Weg einzuschlagen. Es gibt Fälle, in denen du dir überlegen solltest, direkt auf die Besitzer zuzugehen oder vielleicht sofort den Tierschutz einzuschalten.

Solltest du das nicht tun wollen, kannst du Tieren zu jeder Zeit Licht und Liebe schicken. Diese Energien werden von jedem Tier mit großer Dankbarkeit angenommen. Es spielt dabei keine Rolle, wie weit das Tier von dir entfernt ist. Sogar Kühe oder Schweine im Stall können Licht und Liebe empfangen.
Versprich Tieren nichts, was du nicht auch halten kannst, denn dann verlieren sie das Vertrauen in die Menschen, und das möchte niemand. Sei vorsichtig mit Versprechungen und Zusagen bei allen Situationen, die du nicht selbst verändern oder beeinflussen kannst.

Wenn du aber von einem Menschen die Erlaubnis hast, mit seinem Tier zu sprechen, dann frage als Erstes deinen Gesprächspartner, ob er überhaupt mit dir kommunizieren möchte. Unsere Tiere haben nämlich nicht immer Lust oder Zeit mit uns zu reden. Hörst du ein »Nein« oder ein »Später«, solltest du dies beherzigen. Denke in einem solchen Fall daran: Auch du hast nicht ständig Lust zu telefonieren. Erhältst du aber eine positive Antwort, dann stelle dich erst einmal vor, und nenne den Grund für deine Kontaktaufnahme. Sage deinen Namen, und schicke in Gedanken ein Bild von dir, damit das Tier weiß, wer da »anklopft«.

Ein Gesprächsbeginn kann folgendermaßen aussehen:

> **»Hallo, liebe Stella, mein Name ist Beate, und ich würde gern mit dir sprechen. Dein Mensch** ***(hier kannst du auch den Namen des Besitzers einfügen, wenn du ihn kennst)*** **hat mich gebeten, mit dir in Kontakt zu treten, weil er/sie dich noch besser verstehen möchte und ihm/ihr deine Belange wichtig sind. Hast du Lust auf ein Gespräch mit mir?«**

> **»Ja, ich möchte gern mit dir sprechen, denn es ist mir eine große Freude, mich mitzuteilen.«**

Nach einem solchen Einverständnis kannst du das Gespräch beginnen.

Schreibe dir **jede** Frage auf und anschließend die zugehörige, empfangene Antwort. Notiere wirklich alles, was in deinen Gedanken auftaucht! Gerade zu Beginn der mentalen Kommunikation fällt dir diese leichter, wenn du das gesamte Gespräch aufschreibst. Man nennt dies auch »automatisches Schreiben«. Es ist hierbei gleichgültig, ob du zwischen den Fragen und den Antworten oder zum Aufschreiben die Augen öffnest oder geschlossen hältst, der Kontakt zwischen dir und dem Tier bleibt so lange

bestehen, bis du ihn bewusst wieder trennst. Wichtig ist, dass du die Antworten nicht veränderst, sondern sie genau so wiedergibst, wie sie in deinen Kopf kommen.
Die Tierbesitzer allein wissen um die Richtigkeit der Antwort. Gerade zu Beginn der Tierkommunikation werden einige sogenannte »Überprüfungsfragen« gestellt. Anhand der ganzen Essenz des Empfangenen kann man erkennen, ob man wirklich mit dem Tier spricht oder nicht.

Sobald du alle Fragen gestellt hast, bedankst du dich bei deinem Gesprächspartner für seine Zeit und verabschiedest dich.

Wie bereite ich mich auf die Tierkommunikation vor?

Bevor du mit einem Tier sprichst, solltest du dafür erst einmal einen Ort der Ruhe schaffen. Außerdem gibt es ein paar Übungen, die dich im Hinblick auf das Gespräch unterstützen können und die dir helfen, bei dir selbst anzukommen. Sinn und Zweck erkläre ich bei jeder einzelnen Übung.

Ich werde in meinen Seminaren häufiger gefragt, ob man für die Kommunikation mit einem Tier Meditationstechniken beherrschen oder regelmäßig meditieren sollte. Nein! Du musst keine Meditationspraxis haben. Meditieren hilft dir aber, dich selbst zu finden und in Einklang mit deiner Seele zu kommen. Die Kommunikation mit einem Tier findet von Seele zu Seele statt. Deshalb ist regelmäßige Meditation sicherlich hilfreich, wenn du klare und deutliche Botschaften von einem Tier erhalten möchtest. Setze dich aber bitte nicht unter Druck. Alles ist genau so richtig, wie es für dich passt. Es gibt kein Müssen, sondern nur Dürfen.

Reinigen

Vor der Kommunikation mit einem Tier solltest du eine Reinigungsübung durchführen. Damit klärst du deinen Energiekörper, deine Aura. Das ist das Energiefeld, das sich um den menschlichen Körper herum befindet. Hellsichtige Menschen können anhand der unterschiedlichen Farben in der Aura eines Menschen erkennen, in welcher emotionalen Stimmung er sich befindet. Nicht alle Menschen verfügen über diese Gabe, doch unsere Tiere sehen die Aura sehr genau.

Bestimmt hast du schon einmal die Erfahrung gemacht, dass deine Katze, dein Hund, dein Pferd oder dein Kaninchen, komisch, aufsässig oder stur waren, wenn du dich selbst in einer ähnlichen Energie befandest, weil du dich den ganzen Tag über verschiedene Gegebenheiten geärgert hattest. Ein Tier sieht und spürt eben, wie du dich fühlst.

Aus diesem Grund ist eine energetische Reinigung vor jedem mentalen Kontakt zu empfehlen. Eigentlich wäre es am besten, wenn du dich nach jeder negativen Erfahrung reinigen würdest, egal ob du anschließend mit einem Tier sprichst oder nicht. Diese energetische Reinigung ist ganz einfach und dauert nicht lange.

Stelle dir einfach weißen oder goldenen Lichtregen vor, der vom Himmel fällt. Mit diesem spülst du alles aus deiner Aura hinaus, was dich belastet und blockiert. Du reinigst mit diesem Licht deinen Energiekörper und schaffst dadurch die ideale Voraussetzung für die Kommunikation mit Tieren.

Erden

Erden bedeutet, Wurzeln zu bekommen und mit diesen Kontakt zur Erde herzustellen. Dieser Kontakt ist sehr wichtig, gerade dann, wenn du mental mit Tieren kommunizieren möchtest. Wurzeln sind wichtig, um die Bodenhaftung zu behalten und nicht »abzuheben«. Ich denke es ist in deinem Sinne, nicht als »Spinner« abgetan zu werden. Erden gibt dir Stabilität, Zentriertheit, Bodenhaftung und das Gefühl, in deiner Mitte zu sein. Wenn du die folgende Übung jeden Morgen machst, reagierst du auf Konfrontationen anders, als du es jetzt tust.

Stehe auf, und schließe deine Augen. Stelle dir nun vor, wie aus deinen Fußsohlen Wurzeln wachsen. Fühle und spüre, wie diese Wurzeln durch den Erdboden hindurch weiter nach unten wachsen. Sie wachsen immer tiefer und tiefer durch alle Erdschichten bis zum Mittelpunkt der Erde. Ziehe nun mit jeder Einatmung die Energie von Mutter Erde in deinen Körper herein. Fühle, wie diese Energie deine Wurzeln herauffließt und über deine Fußsohlen in deinen Körper dringt. Spüre, wie sie deine Beine entlangläuft bis in deinen Bauchraum, in deine Arme und in deinen Kopf hinein. Jede Zelle deines Körpers füllt sich mit dieser Energie auf. Du spürst, wie du immer mehr bei dir ankommst. Du fühlst, dass dich nichts aus dem Gleichgewicht bringen kann, weil deine Beine über die Wurzeln fest mit der Erde verbunden sind. Du bist jetzt ganz bei dir und absolut in deiner Mitte. Nun öffne deine Augen, und sei wieder ganz im Hier und Jetzt.

Du bist nun gut verwurzelt und hast Stabilität und Zentrierung erhalten. Jetzt bist du schon fast bereit für deinen ersten mentalen Kontakt mit einem Tier.

Schützen

Wenn man mit einem Tier auf mentale Art in Kontakt tritt, ist es wichtig, die eigene Aura, den Energiekörper oder auch Lichtkörper zu schützen. Über die Verbindung zwischen dir und dem Tier, mit dem du kommunizierst, fließen Energien hin und her. Wenn es dir aber zum Beispiel gerade nicht so gut geht, könnte es sein, dass du unbewusst positive Energien von dem Tier für dich abzweigst. Umgekehrt kann dies natürlich ebenso der Fall sein. Außerdem kann es vorkommen, dass du während einer Tierkommunikation mit Emotionen in Verbindung gerätst, die dir ohne Schutz zu viel werden könnten. Du brauchst nicht zu befürchten, dass du mit Schutz keine Emotionen wahrnehmen kannst. Diese spürst du genauso wie ohne Schutz. Aber mit dem Ende der Kommunikation verschwinden diese und belasten dich nicht weiter.

Kommunizierst du mit einem fremden Tier, kannst du vorher nicht wissen, was dich erwartet. Sei dir stets bewusst, dass du dich bei der mentalen Kommunikation ganz öffnest. Dein Geist ist offen und weit für alles, was kommt. Aber wo Licht ist, ist auch Schatten, und selbst wenn wir solche Energien nicht bewusst spüren möchten, sind sie dennoch da. Darum ist es ganz besonders wichtig, Aura und Körper abzugrenzen.

Abgrenzung ist nicht nur in der Tierkommunikation empfehlenswert, sondern auch wenn du zum Beispiel sehr mit anderen Menschen mitleidest oder wenn du die Energien deiner Mitmenschen deutlich spüren kannst. Den ganzen Tag über begegnen wir vielen Menschen. Einige sind glücklich, andere sind traurig, manche sind krank, und wieder andere sind mürrisch und ärgerlich. Wenn du merkst, dass deine Stimmung durch den Kontakt mit Menschen umschlägt, die nicht glücklich sind, solltest du dich auf jeden Fall täglich mithilfe von Übungen dagegen abgrenzen.

Besonders Menschen, die sich für den Tierschutz einsetzen, sind oftmals nicht gut genug abgegrenzt. Sie fangen an, mit den Tieren zu leiden. Kommt man mit diesen Menschen in näheren Kontakt und unterhält sich mit ihnen, fällt schnell auf, dass sie häufig kraftlos und gegenüber der Menschheit nicht positiv eingestellt sind. Diese Personen nehmen das Leid von anderen Lebewesen ganz in sich auf. Wie heißt es so schön: nicht mitleiden, sondern mitfühlen. Mache die folgende Übung täglich, um dich abzugrenzen. Bald kannst du vielleicht sogar bemerken, dass sich dein Umfeld positiv verändert.

Schließe deine Augen, und atme ein paar Mal tief ein und aus. Spüre, wie Wurzeln aus deinen Fußsohlen wachsen und tief in die Erde eindringen. Jetzt stelle dir eine Lichtkugel vor, die in Regenbogenfarben leuchtet und deinen ganzen Körper umhüllt. Umschließe dich bewusst mit dieser Lichtkugel. Jetzt können nur noch positive Energien von außen nach innen zu dir vordringen, und alles Negative, was du aussendest und empfängst, wird in Licht und Liebe umgewandelt. Nach dieser Übung bist du den ganzen Tag über geschützt.

Es gibt viele verschiedene Übungen, um sich zu schützen. Vielleicht kennst du eine andere, die für dich stimmiger ist. Es spielt keine Rolle, welche Schutzübung du machst, aber finde eine für dich passende, die dir hilft, dich emotional abzugrenzen.

Wenn du magst, kannst du vor dem Gespräch mit einem Tier auch noch ein Gebet sprechen. Dazu musst du natürlich keiner Religion angehören oder in irgendeiner Weise gläubig sein. Ein Gebet hat immer eine positive Wirkung und es kann dir helfen zu vertrauen – zumindest ist dies bei mir der Fall. Ein Gebet kann zum Beispiel wie folgt aussehen, du kannst aber auch deine eigenen Worte benutzen:

»Himmlischer Vater, himmlische Mutter, liebe Engel, bitte unterstützt mich bei meiner mentalen Kommunikation mit *(Name des Tieres)*. Helft mir, dass meine Kommunikation wertfrei ist, und ich alles erfahre, was für mich, das Tier und *(gegebenenfalls)* seinen Menschen wichtig ist. Ich danke dafür, dass dies jetzt geschieht.«

Herz-zu-Herz-Verbindung

Nachdem du dich geerdet, gereinigt und geschützt hast, ist es an der Zeit, den Kontakt zu dem Tier herzustellen. Am besten setzt du dich zunächst bequem hin. Nimm einen Schreibblock und einen Stift zur Hand, und sorge dafür, dass du in den kommenden 30 Minuten nicht gestört wirst.

Nach diesen Vorbereitungen richtest du deine Aufmerksamkeit auf dein Herz. Atme dazu ein paar Mal ganz tief ein und wieder aus. Spüre und fühle, wie du mit jeder Ausatmung ruhiger wirst und immer weiter bei dir ankommst. Sinke tiefer in deine Innenwelt hinab, und richte deine Aufmerksamkeit erneut auf dein Herz. Stelle dir vor, wie es sich jetzt öffnet und ganz weit wird. Du lässt Liebe und Vertrauen in dein Herz strömen. Dann denke an das Tier. Du siehst es ganz deutlich vor dir sitzen. Visualisiere jetzt einen Regenbogen, der dich und das Tier verbindet.

Schicke dem Tier ganz viel Liebe. Daraufhin fühlst du, dass dir das Tier ebenfalls ein liebevolles Gefühl zurückschickt. Frage das Tier nun, ob es mit dir sprechen möchte. Wenn du ein Nicken siehst, plötzlich ein gutes Gefühl verspürst oder ein »Ja« hörst, denke deine erste Frage an das Tier und schreibe sie gleichzeitig auf. Du brauchst die Frage nicht laut auszusprechen. Bedenke: Eure Verbindung bleibt so lange bestehen, bis du sie ganz bewusst wieder trennst.

Der erste Gedanke, das erste Bild oder das Gefühl, das du als Reaktion auf deine Frage empfängst, ist die Antwort des Tieres. Schreibe sie auf, und gehe zur nächsten Frage über. Schreibe auch diese auf. Du wirst feststellen, dass du schon währenddessen wieder einen Gedanken, ein Bild oder ein Gefühl erhältst. Das geht in der Regel so schnell, dass dir gar keine Zeit zum Überlegen bleibt. Sobald du anfängst, über die Frage und deren mögliche Antwort nachzudenken, kannst du dir sicher sein, dass sich dein Verstand eingeschaltet hat. Dann stehe auf, lache laut, setze dich wieder hin, und beginne von vorn.

Bedanke dich bei dem Tier für den Kontakt, nachdem du alle Fragen gestellt hast, dann verabschiede dich von ihm. Gehe dabei genau so vor, wie du es bei einem menschlichen Freund machen würdest. Dann trenne die Verbindung. Stelle dir vor, wie Sonnenschein deinen Regenbogen auflöst.

Diese bewusste Trennung ist ganz wichtig, sie ist wie das Auflegen des Telefonhörers zum Beenden eines Telefonats. Manchmal gelingt diese Trennung jedoch nicht richtig. Das erkennst du daran, dass dir das Tier, mit dem du den mentalen Kontakt hattest, immer wieder einfällt. Sollte dies der Fall sein, dann wiederhole den bewussten Trennungsvorgang noch einmal, und stelle dir dich und das Tier jeweils in einem eigenen Lichtkreis vor.

Damit ist die erste Kommunikation mit einem Tier geschafft. Ich gratuliere dir. Bestimmt hast du dir ein Tiergespräch schwieriger vorgestellt. Möglicherweise fragst du dich gerade, ob du wirklich Tierbotschaften empfangen hast und ob du dir nicht alles nur eingebildet hast.
Ich kann dich beruhigen: Mit diesen Zweifeln bist du nicht allein. Fast alle Menschen, die mit Tieren kommunizieren, werden von diesen Bedenken geplagt, und dies häufig, obwohl sie schon über einen langen Zeitraum immer wieder Tiergespräche führen. Solche Befürchtungen sind aber völlig haltlos. Arbeite an ihnen, indem du weiterübst. Sprich mit vielen Tieren, auch mit fremden, denn auf diese Weise hast du die Möglichkeit, von deren Menschen ein Feedback zu erhalten, das dich in deinem Tun bestätigen kann.

Welche Fragen kann ich dem Tier stellen?

- Wie geht es dir? *(Diese Frage stellt man in der Regel zuerst.)*
- Wie fühlst du dich körperlich?
- Wie geht es dir emotional?
- Hast du Schmerzen? Wenn ja, wo?
- Kann ich etwas dagegen tun?
- Was frisst du gern?

- Schmeckt dir dein Futter?
- Was würdest du gern einmal essen?
- *Bei einem fremden Tier:* Wo frisst du?, *beim eigenen Tier:* Gefällt dir dein Futterplatz?
- Hast du tierische Freunde? Wenn ja, wen?
- Hast du Wünsche?
- Hast du eine Botschaft für mich?, *bei einem fremden Tier:* für deinen Menschen?
- Willst du etwas Persönliches ausrichten?
- Wie würdest du dich selbst beschreiben?

Dies ist nur eine kleine Auswahl möglicher Fragen. Oft ergibt sich aus einer Antwort bereits die nächste Frage. Je mehr du fragst und je genauer du die Frage formulierst, umso deutlicher und präziser fallen auch die Antworten aus. All dies bedarf allerdings Zeit und viel Übung.

Warum erhalte ich keine Antworten von dem Tier?

Es gibt verschiedene Gründe, warum du keine Antworten des Tieres auf deine Fragen erhältst beziehungsweise warum du glaubst, keine Antworten zu erhalten. In der Regel ist die Antwort da, sie ist in diesem Moment nur für dich nicht greifbar. Das hat folgenden Grund:

Dein Verstand sagt dir beispielsweise als Reaktion auf das Empfangene: »Es ist doch klar, dass ein Pferd gern Karotten frisst«, oder »Ich weiß doch, dass meine Katze Thunfisch gern mag«. Du sagst dir also selbst: »Das sind bestimmt meine Gedanken und nicht die Antworten des Tieres.«

Sicherlich fressen Pferde gern Karotten, und sicherlich würden viele Pferde antworten, dass sie Karotten lieben, doch manche Pferde mögen eben auch lieber Äpfel. Du weißt auch, dass deine Katze gern Thunfisch frisst,

und wenn du sie nach ihrem Lieblingsfutter fragst, wäre es doch komisch, wenn sie antworten würde, dass sie Hühnchen liebt, obwohl doch Thunfisch ihr Lieblingsfressen ist. In der Regel sind solche Antworten nicht deine Gedanken, sondern die Antworten deines Tieres, die du nur schon vorher wusstest oder zumindest ahntest.
Solche Bedenken lassen sich schnell zerstreuen, wenn du zum Beispiel von den Besitzern eines fremden Tieres, mit dem du gesprochen hast, ein Feedback zum Gespräch bekommst. Natürlich kann sich in die Antworten deines tierischen Gesprächspartners auch mal ein Gedanke von dir einschleichen, aber mit viel Übung wirst du lernen, dies zu unterscheiden.

Es kann auch sein, dass du mental eine Antwort empfängst, aber sie nicht als solche erkennst. Dann hast du möglicherweise Angst, sie niederzuschreiben oder weiterzugeben, weil du dir nicht sicher bist, ob die Antwort stimmt. Was kann denn aber im schlimmsten Fall passieren? Die Antwort ist eben falsch – nichts weiter. Denke daran: Du fängst gerade erst an, mit Tieren zu kommunizieren. Dabei sind Fehler erlaubt. Bei wichtigen Fragen solltest du die Menschen eines fremden Tieres bitten, sich an einen erfahrenen Tierkommunikator zu wenden. Denn in solchen Fällen könnte das Weitergeben einer falschen Antwort natürlich Auswirkungen haben.

Ein anderer Grund, aus dem du keine Antwort eines Tieres hörst, kann folgender sein: Du bist blockiert. Auf deine Frage kommt rein gar nichts. Du empfindest keine Emotionen und du denkst über die Frage und die mögliche Antwort nach. Auch auf die nächste Frage erhältst du keine Antwort. Dann setzt plötzlich dein Verstand ein und sagt zu dir: »Du kannst das nicht. Es kommt nichts. Du hast versagt. Es ist doch nicht möglich, dass jeder mit Tieren sprechen kann.«
HALT! Wenn in dir solche oder ähnliche Gedanken auftauchen, dann stehe am besten sofort auf, und tanze im Kreis. Singe, summe, oder schreie jeden deiner blockierenden Gedanken aus deinem Körper. Sage dir immer wieder: »Ich verstehe die Tiere. Ich spreche mit Tieren. Ich empfange die Botschaften in meinem Tempo, und ich bin frei von jeglichem destruktiven Denken.«
Falls du zweifelst und dich während Tiergesprächen immer wieder fragst »Warum kann ich nicht mit Tieren sprechen?«, solltest du diese Frage umformulieren, denn sie blockiert dich. Wandele sie stattdessen in eine positive Frage um, zum Beispiel: »Wie kann ich die Antworten der Tiere wertfrei in die Welt tragen?«
Denn **jeder** kann mit Tieren kommunizieren, auch **du**!
Dann setze dich wieder hin, atme tief ein und aus, und versuche die Kommunikation erneut.

Wenn dir in erster Linie die Kommunikation mit deinem eigenen Liebling schwerfällt, bitte einen deiner Freunde um ein Foto seines tierischen Gefährten. Mit diesem kannst du dann unvoreingenommen ein Gespräch starten.

Der Kontakt zu einem Tier – Zusammenfassung

An dieser Stelle möchte ich noch einmal zusammenfassen, welches die wichtigsten Schritte für die Kommunikation mit einem Tier sind. Wenn du diese Punkte verinnerlicht hast, kannst du zu jeder Zeit mit einem Tier sprechen.

- **Bequem machen**
- **Mindestens 30 Minuten Zeit nehmen**
- **Schreibzeug bereithalten**
- **Erden**
- **Reinigen**

- Schützen
- Eventuell ein Gebet sprechen
- Herz-zu-Herz-Verbindung aufbauen

- Vorstellen
- Nachfragen, ob das Tier kommunizieren möchte
- Gespräch führen
- Bedanken
- Verabschieden
- Verbindung trennen
- Das Tier und dich jeweils in einen Lichtkreis stellen
- Gegebenenfalls noch einmal eine Reinigung durchführen

Solltest du beim Lesen dieses Buches bis zu dieser Stelle gekommen sein, ohne den Versuch unternommen zu haben, mit einem Tier zu kommunizieren, bitte ich dich, dies nun auszuprobieren.

Ich wünsche dir dabei ganz viel Spaß und Freude.

Allgemeine Fragen zur Tierkommunikation

Kann jeder mit Tieren kommunizieren?

Diese Frage gehört im Bereich Tierkommunikation zu den meistgestellten überhaupt. Ja! Wirklich jeder kann mental Kontakt zu einem Tier aufnehmen – jeder, der ein offenes Herz hat, Liebe in sich trägt und sich innerlich für diese Art der Kommunikation öffnet. Natürlich gibt es bei den verschiedenen Gesprächen Unterschiede in der Qualität der Antworten, aber das lässt sich meist mit Übung und der Schulung der inneren Wahrnehmungen verbessern. Je eher du bereit bist, dich auf mentaler Ebene zu öffnen, umso mehr Botschaften wirst du empfangen können. Es ist, wie schon gesagt, wichtig, dass du stetig an dir selbst arbeitest. Jeder, der die nötige Bereitschaft mitbringt, kann über kurz oder lang wirklich gute Gespräche mit Tieren führen. Grundsätzlich kann dies jeder!

Woran erkenne ich, dass ich mit einem Tier spreche?

Viele Menschen fragen sich, wie sie erkennen können, dass sie wirklich die Antwort eines Tieres hören. Sie möchten gern wissen, woran sie merken können, dass sie überhaupt Kontakt zu einem Tier hergestellt haben und dass die empfangene Botschaft nicht ihrem eigenen Denken entspringt.

In meinen Seminaren antworte ich auf diese Frage häufig mit einer Gegenfrage: »Wie sollte denn der Kontakt aussehen beziehungsweise wie stellt du dir diesen vor?«

Es gibt dafür keine Regeln. Leider fällt keine Sternschnuppe vom Himmel, und du bekommst kein übernatürliches Hinweiszeichen. Manchmal spürst du sofort eine Emotion, wenn du die Verbindung zu einem Tier herstellst – ein Gefühl, das vorher nicht da war. Für dich ist dies ein klares Zeichen, dass du den Kontakt zu deinem Gesprächspartner aufgebaut hast. Die Verbindung zum Tier besteht aber auch, wenn ein solches Gefühl ausbleibt. Die Tierkommunikation verlangt absolutes Vertrauen in dich selbst und den Glauben, dass es möglich ist, mit einem

Tier zu sprechen. Im Laufe der Zeit wird auch dir diese Gewissheit zuteil werden.
Du kannst dir das nicht vorstellen? Beantwortest du die Frage, ob du zum Beispiel an Engel oder an Gott glaubst mit Ja? Ist es dann nicht dein Glaube, der dich dazu veranlasst, nicht an deren Existenz zu zweifeln? Ebenso ist es bei der Kommunikation mit einem Tier. Der Glaube und das Vertrauen in dich selbst werden dir dabei helfen, deinen Wahrnehmungen zu vertrauen. Eventuell schreibst du – wenn auch selten – eine falsche Antwort auf, oder du kannst deine Wahrnehmungen nicht richtig deuten. Je mehr du allerdings übst und je häufiger du mentale Kommunikationen durchführst, umso schneller findest du den Glauben und das Vertrauen in dich selbst. Dann erhältst du immer genauere Antworten.

Erkenne ich am Tier Reaktionen auf die Kommunikation?

Mit fremden Tieren sprichst du meist mithilfe eines Fotos über eine gewisse Distanz. In solchen Fällen erübrigt sich diese Frage natürlich.
Bei deinen eigenen Tieren lautet die Antwort: Ja und Nein. Das Tier wird sich nicht erwartungsvoll vor dich setzen und mit den Ohren hin- und herwackeln, nur da-

mit du sehen kannst, dass du den mentalen Kontakt zu ihm hergestellt hast. In der Regel ist es mit etwas ganz anderem beschäftigt, sodass du dich fragst: »Kommuniziere ich jetzt überhaupt mit diesem Tier?« Ja, das tust du! Dein Gesprächspartner kann dir auf der mentalen Ebene immer antworten. Dabei ist es völlig gleichgültig, ob das Tier beispielsweise zu dir Augenkontakt hält oder ob es schläft.
Wenn du einmal darüber nachdenkst, kannst auch du mehrere Dinge gleichzeitig tun, ohne dass du dich dabei auf nur eine einzige Sache konzentrieren musst. Schaust du einen menschlichen Gesprächspartner immer an? Normalerweise nicht – auch wir Menschen neigen dazu, den Blick schweifen zu lassen oder manchmal etwas anderes nebenbei zu erledigen, wenn wir uns unterhalten.
Es kann vorkommen, dass dich das Tier während eines Gespräches sehr intensiv ansieht, meist wenn es um eine wichtige Frage geht. Es ist an dir, eine solche Geste wahrzunehmen und sie nicht als Zufall abzutun. Meine verstorbene Hündin Felina sagte einmal zu mir: »Glauben muss man mit dem Herzen und nicht mit den Augen.« Wie recht sie doch mit diesen Worten hatte!

Woher weiß ich, dass ich die Antwort des Tieres erhalte und nicht etwas, was ich mir selbst ausdenke?

Zweifel dieser Art können immer wieder auftauchen. Dann kommt es auf die gestellte Frage an. Machst du dir über die angesprochene Thematik, zum Beispiel ob das Tier Schmerzen hat oder warum es eine Verhaltensauffälligkeit zeigt, schon lange Gedanken? In solchen Fällen ist es in der Regel so, dass das, was du in diesem Zusammenhang glaubst, ohnehin auch die Antwort des Tieres ist.
Eine Übereinstimmung dieser Art kann sich zum Beispiel ergeben, wenn du einen sehr innigen Kontakt zu dem Tier hast. Aus diesem Grund bemerkst du, dass es dem Tier an etwas fehlt und es ihm schlecht geht, oder auch, dass es ängstlich im Umgang mit anderen Tieren ist. Dann macht dich nicht erst deine visuelle Wahrnehmung auf ein Problem aufmerksam, sondern auch dein Gefühl zu dieser Sache verheißt nichts Gutes. Daher ist es ganz normal, dass die Antwort des Tieres auch die ist, die du dir im Vorfeld ohnehin schon selbst überlegt hattest. Sieh so etwas nicht als »Problem«, und zweifle nicht deswegen, sondern freue dich über deine gute Intuition. Du wirst sicherlich mit der Zeit auch genügend Antworten empfangen, mit denen du gar nicht gerechnet hast und

die nicht mit deinem Gefühl oder deiner visuellen Beobachtung zusammenhängen.

Es gibt aber auch Antworten, die durchaus vom Verstandesdenken gelenkt sein können. Angenommen du hättest sehr gern ein weiteres Haustier, aber du wärst dir nicht sicher, ob dein Tier dies auch möchte. Möglicherweise spürst du tief in dir sogar, dass es darüber nicht so erfreut wäre, jedoch möchtest du diesem Gefühl keinen Raum geben.
Schließlich unterhältst du dich mit deinem Tier und empfängst auf deine Frage nach weiteren tierischen Gefährten Antworten wie »Na ja, so erfreut bin ich zwar nicht, aber wenn du gern ein weiteres Tier möchtest, dann sage ich Ja«, oder »Von mir aus können wir schon ein zweites Tier zu uns nehmen«. Stimmen dein unbestimmtes Gefühl und die Antworten des Tieres gar nicht überein, solltest du selbst noch einmal genau nachprüfen. Frage dich: »Ist dies wirklich die Antwort des Tieres, oder ist es ein Versuch, mir das einzureden, was ich hören möchte?« Ein Zweifel bei grundlegenden Fragen kommt meist nicht vom Ungefähr, vor allem dann, wenn er von einem deutlich spürbaren unguten Gefühl begleitet wird.

Bei Gesprächen mit fremden Tieren können Antworten auch deinem subjektiven Empfinden entspringen und

dann nichts mit der eigentlichen Antwort des Tieres zu tun haben. Wenn du zum Beispiel für den Tierschutz arbeitest und schon viele traurige Tierschicksale gesehen hast und dir schon viele Ausreden von Menschen anhören musstest, ist es natürlich nicht verwunderlich, dass dein Vertrauen schwindet. Ich erlebe es leider oft, dass Menschen unter solchen Voraussetzungen ihre persönliche Meinung als Antwort des Tieres interpretieren.
Dies erkennt man in der Regel daran, dass die vermeintlichen Antworten der Tiere sehr negativ oder wütend und ärgerlich klingen. In diesen Fällen handelt es sich um die Wiedergabe von Glaubenssätzen und nicht um die Antworten der Tiere.
In meinen Tiergesprächen habe ich es niemals erlebt, dass Tiere abwertend über uns Menschen gesprochen hätten. Natürlich sagen sie, was ihnen nicht passt, und sie heißen auch nicht alle unsere Taten gut, aber ihre Worte sind niemals von Wut und Zorn oder von bösen Worten untermalt. Das ist ein Denken, das nur Menschen in sich tragen. Menschen, die solche Antworten empfangen, haben oft auch Probleme im Umgang mit ihren Mitmenschen. Meistens denken sie auch nicht gut über sich selbst. Es ist sehr wichtig, mit sich und der Welt im Reinen zu sein, um eine wahre und wertfreie Kommunikation führen zu können. Sicherlich passiert es jedem ab und an, dass sich der Verstand einschaltet und etwas in

die Antwort des Tieres hineininterpretiert. Aber mit etwas Übung wirst du schnell erkennen können, wenn sich das Ego einschaltet. Darum höre stets auf dein Gefühl und auf deine innere Stimme, sie geben dir die Richtung vor.

Warum soll ich jedes Gespräch protokollieren?

Häufig werde ich gefragt, warum es notwendig ist, die ganze Kommunikation mitzuschreiben. Absolut notwendig ist dies nicht. Du kannst natürlich jederzeit und an jedem Ort einem Tier in Gedanken deine Fragen stellen. Hast du aber noch nicht so viel Übung in der mentalen Kommunikation, ist diese für dich viel einfacher, wenn du alle Fragen und Antworten aufschreibst. Während des Schreibens konzentrierst du dich nur auf das, was kommt; dein Verstand ist dabei in der Regel sehr still. Deshalb bist du nicht abgelenkt und kannst die Informationen unverfälscht und genau so niederschreiben, wie du sie erhältst. Male dir folgende Situation aus: Du stellst dir den Regenbogen vor, über den du mit einem Tier verbunden bist, dann fragst du dich, ob du wirklich mit dem Tier verknüpft bist, gleichzeitig hast du mehrere wichtige Fragen, stellst diese in Gedanken an ein Tier und erwartest seine Antworten. Dies alles kann gerade am Anfang sehr

viel auf einmal sein. Es ist wirklich viel einfacher für dich, wenn du die Fragen und Antworten notierst.
Zudem können diese Schriftstücke Botschaften und Informationen für die Ewigkeit sein. Wie ich schon sagte, meinte meine verstorbene Hündin Felina vor langer Zeit einmal zu mir: »Bedenke, meine Zeit auf Erden ist nicht für immer, meine Worte aber schon.« Dies war für mich der Ansporn, alle unsere Gespräche schriftlich festzuhalten, und jetzt, da sie schon lange im Himmel ist, stellen ihre Worte eine ganz besondere Verbindung zu ihr her.

Muss ich mich vor jeder Kommunikation erden, reinigen und schützen?

Du musst dies nicht, aber du solltest. Bei Gesprächen mit den eigenen vertrauten Tieren kannst du die Übungen durchaus mal weglassen, aber bei mentalen Kontakten zu fremden Tieren solltest du diese Rituale immer durchführen. Sie sind nicht nur für dich hilfreich, sondern auch für das Tier. Die Übungen können auch miteinander verbunden werden, sodass der Zeitaufwand geringer ist. Außerdem kannst du die Rituale ganz einfach mit alltäglichen Dingen verknüpfen und sie zum Beispiel jeden Morgen beim Zähneputzen durchführen.

Kommunizieren Tiere untereinander?

Tiere können auch miteinander kommunizieren. Trotzdem haben sie ihre Instinkte und ihr natürliches Verhalten. Ich glaube nicht, dass die Gazelle zum Löwen sagt: »Bitte, bitte, friss mich nicht.« Ich habe Wildtiere noch nie danach gefragt, aber ich kann es mir nicht vorstellen, denn hierbei geht es um Evolution und den Erhalt der eigenen Spezies. Trotzdem kommunizieren Tiere untereinander nicht nur anhand von Gesten und Mimiken, was sicher niemand bestreitet, sondern sie sprechen auch mental miteinander. Dies ist insbesondere bei unseren Haustieren, die zusammenleben, der Fall.

Ich sollte einmal herausfinden, warum eine Katze markierte. Auf dem Foto, das ich zu diesem Zweck von ihren Besitzern erhalten hatte, war auch ein Hund zu sehen. Dieser Hund sagte sofort zu mir, dass ich ihn fragen solle, wenn ich eine Antwort erhalten wolle. Das tat ich dann auch. Die Katze beschwerte sich während des Gespräches beim Hund, weil sie nicht petzen wollte und deshalb auf die Frage nicht geantwortet hätte. Der Hund sagte allerdings zu ihr: »Wenn du nichts sagst, dann werde ich es eben tun.« Zum besseren Verständnis sei an dieser Stelle erwähnt, dass es mit viel Übung gelingen kann, die mentale Verbindung zu Tieren nur durch einen kurzen Blick auf ein Foto aufzubauen.

Manchmal mischen sich in ein Gespräch auch weitere Haustiere ein, sodass eine »Konferenz« stattfindet. Dies kann auch geschehen, wenn man sich nicht vorher bewusst mit allen Tieren verbunden hat.

Ist es schädlich, mit Tieren zu sprechen?

Nein, das ist nicht schädlich. Es kann für unsere tierischen Gefährten aber durchaus anstrengend sein, vor allem wenn wir gerade erst beginnen, diese Art der Kommunikation zu erlernen. Meine Hunde haben mir erklärt, dass wir Menschen uns meistens nicht so lange konzentrieren können und deshalb mit unseren Fragen immer wieder von vorn beginnen oder mehrmals dieselben Fragen stellen, bis wir uns sicher sind, eine Antwort erhalten zu haben. Dies empfinden unsere Tiere als anstrengend. Deshalb ist es besser, sich abzugrenzen, zu schützen und zu reinigen, denn dann nehmen die Tiere unsere Energien nicht auf und sind auch selbst abgegrenzt.

Können Tiere Farben sehen?

Ich bin mir ziemlich sicher, dass sie dies können – selbst wenn die Wissenschaft etwas anderes behauptet. In vielen Tiergesprächen habe ich die Erfahrung gemacht, dass sich Tiere häufig etwas in einer ganz bestimmten Farbe wünschen. Geht man davon aus, dass alles Energie ist, so hat auch jede Farbe eine bestimmte Energie. Diese können Tiere auf jeden Fall wahrnehmen. Aus diesem Grund liegt dein Tier vielleicht am liebsten auf einer roten Decke, obwohl ihm auch eine andersfarbige Decke zu Verfügung steht. Meine Hündin Felina fragte dazu einmal etwas sehr Passendes: »Haben Menschen schon einmal durch meine Augen gesehen?«

Darf ich mit allen Tieren sprechen?

Grundsätzlich darfst du dies schon. Ich möchte dich aber an dieser Stelle noch einmal an die Verantwortung erinnern, die du damit übernimmst. Natürlich kannst du mit dem Tier deines Nachbarn Small Talk führen, aber du solltest keinesfalls auf mögliche Probleme eingehen oder zu persönliche Fragen stellen, außer wenn du bereit bist, dich wirklich für das Wohl des Tieres einzusetzen. Es ist wichtig, dass du dir klarmachst, dass du mit jedem ernst-

haften Tiergespräch in der Verantwortung bist. Du kannst dich nicht einfach in das Leben des Tieres einmischen und gegebenenfalls hinterher nichts für die Verbesserung seiner Lebensumstände tun.
Bei Tieren in der freien Wildbahn ist dies etwas anderes. Sie sagen dir selbst, ob sie mit dir sprechen möchten, wenn du sie fragst.

Inwieweit muss ich die Verantwortung für ein fremdes Tier übernehmen?

Für dich sollte das Wohl eines Tieres stets an erster Stelle stehen. Wenn du mit einem fremden Tier sprichst, öffnet es sich dir und möchte, dass du seinen Menschen seine Botschaften mitteilst, sodass sich gegebenenfalls etwas verändert. Oft sehen diese Menschen die Umstände aber nicht so wie ihr Tier. In einem solchen Fall ist es wichtig, dass du den Menschen erklärst, warum eine Änderung notwendig ist, und ihnen auch klarmachst, dass alles beim Alten bleibt, wenn sie diese Notwendigkeit ignorieren. Setze dich dann auch für das Tier ein. Wir Menschen müssen verstehen, dass die Ursachen oft bei uns liegen, weil Tiere als unsere Spiegel fungieren.

Du solltest aber auch bedenken, dass das Tier weiterhin das Tier des Menschen bleibt, der dich um ein Gespräch gebeten hat. Du kannst ihm mithilfe des Tieres Wege aufzeigen, aber gehen oder verändern kann diese nur der Mensch, der zu dem Tier gehört.

Was tue ich, wenn ein Wunsch nicht erfüllbar ist?

Sollte ein Tier einen Wunsch äußern, dessen Erfüllung nicht umsetzbar ist, dann erkläre ihm dies. Es ist nicht schlimm, einen Wunsch unerfüllt zu lassen, solange das Tier erfährt, warum dies nicht möglich ist. Deshalb brauchst du auch kein schlechtes Gewissen zu haben, wenn dein Hund dir sagt, dass er immer bei dir sein möchte. Wenn du keine Hunde mit zu deiner Arbeit nehmen darfst, kannst du ihm diesen Wunsch nun mal nicht erfüllen. Sage deinem Gefährten einfach, warum dies nicht möglich ist, und erkläre ihm, dass es nicht mit ihm zusammenhängt.

Kann ich mich auf die Worte des Tieres verlassen?

Die Kommunikation mit Tieren ist eine wunderbare Sache. Für mich ist sie das Beste auf der Welt. In den meisten Fällen ist auf die Aussagen und die Versprechungen der Tiere Verlass. Bei manchen Botschaften sollten wir jedoch Vorsicht walten lassen und unseren Verstand einschalten. Es gibt Situation, in denen das Handeln des Tieres von seiner Intuition bestimmt wird, und diesen Instinkt können auch zahlreiche Versprechen nicht ausschalten. Beispiele dafür gibt es viele: eine Katze, die hoch und heilig verspricht, niemals wieder über eine befahrene Straße zu gehen, und dies trotz aller Versprechen erneut macht, oder ein Hund, der versichert, dass er niemals wieder einem Hasen nachjagt, doch sobald er einen sieht, »startet« er durch. Auf solche Aussagen ist einfach kein hundertprozentiger Verlass. Bedenke immer auch das instinkthafte Verhalten der Tiere.

Muss ich ein Seminar besuchen, um die Tierkommunikation zu erlernen, oder reicht dafür ein Buch aus?

Generell kannst du Tierkommunikation auch mithilfe eines Buches erlernen. Viele Menschen haben allerdings Schwierigkeiten, ein Tiergespräch überhaupt auszuprobieren oder zu üben, wenn sie dies allein tun. Auf meinen Seminaren zur Tierkommunikation berichte ich prinzipiell nichts anderes und erkläre auch keine andere Vorgehensweise als in diesem Büchlein. Aber man sollte die vorherrschende Energie und die Gruppendynamik eines Seminars nicht außer Acht lassen.

Vielleicht fällt es dir allein zu Hause schwer, dich auf ein Tiergespräch einzulassen. Auf einem Seminar wirst du aber durch die anderen Teilnehmer getragen. Wenn du Schwierigkeiten hast, werden diese in der Regel sofort gelöst, sodass jeder Teilnehmer nach einem Seminarbesuch mit einem positiven Gefühl heimgeht. Ein Buch antwortet dir natürlich auch nicht, wenn spezielle Fragen auftauchen.

In meine Seminare lasse ich beispielsweise viele meiner persönlichen Erfahrungen und Geschichten einfließen. Ein Seminar bietet stets noch ein bisschen mehr als ein Buch. Dennoch ist es nicht zwingend notwendig, eines zu besuchen, wenn man die Tierkommunikation kennenlernen will. Solltest du allerdings den Wunsch verspüren, eines Tages so wie ich professionell für andere zu arbeiten, dann sind die Teilnahme an einem Seminar und das Üben in einer Gruppe sinnvoll und empfehlenswert.

Schlusswort

Liebe Leserin, lieber Leser,

Tiere sind weit mehr als nur unsere Begleiter. Sie sind unsere Lehrer. Sie können uns so viele Antworten auf unsere Lebensfragen geben, wenn wir sie nur fragen. Dabei ist es völlig gleichgültig, ob diese deine persönlichen Belange, das Weltgeschehen oder ein Problem in der Mensch-Tier-Beziehung betreffen. Diese Art der Kommunikation kann eine Bereicherung für jeden Menschen sein, ein Geschenk, das man nicht achtlos liegenlassen sollte. Für mich persönlich war das erste Gespräch mit einem Tier wie das Knacken des Jackpots, der größte Gewinn für mein Leben!

Wenn ich jetzt traurig bin oder nicht weiterweiß, wenn ich nach der Lösung für ein Problem in meinem Leben suche, frage ich meine Tiere. Sie kennen stets die richtige Antwort für mich. Wie ich schon zu Beginn dieses Büchleins erwähnte: Ich vertraue ihren Antworten immer, denn bis jetzt hatten sie stets recht.

Du hast nun alles erfahren, was du wissen musst, um mit einem Tier in Kontakt zu treten. Ich hoffe, du hast es auch schon versucht. Wenn nicht, wie lange willst du es noch hinauszögern? Versuche es einfach, sprich mit einem Tier, es wird gelingen! Gehe einfach Schritt für Schritt die einzelnen Punkte durch, und versuche es wieder und wieder und wieder.

Du legst damit einen Grundstock, der gepflegt und ausgebaut werden sollte. Wie gesagt: Übung macht den Meister! Je häufiger du übst, umso besser wirst du.

Denke bei jeder Unterhaltung mit einem Tier daran, dass du mit einem fühlenden Lebewesen, das eine Seele hat, sprichst. Mir ist es extrem wichtig, dass du Tiere – ebenso wie ich – als etwas ganz Besonderes ansiehst und niemals zu ihrem Schaden handelst oder entscheidest. Frage dich in jeder Situation: »Was wäre, wenn mir das passieren würde?« Bitte vergiss das nie!

Handle in Liebe, denn nur dann öffnen sich dir alle Herzenstüren. Sei ein Geschenk für alle – und erfülle den größten Wunsch meiner Hündin Safi –, indem du die Botschaften der Tiere in die Welt hinausträgst und dadurch die Liebe der Tiere zu den Menschen bringst.

Ich wünsche dir ganz viel Spaß dabei.

Licht und Liebe,
Beate

Danksagung

Noch vor einigen Jahren hätte ich niemals gedacht, dass ich je so ein großes Geschenk empfangen würde, wie das, Botschafterin für die Tiere zu sein. Mein Herz ist deshalb voller Glück und Liebe. Ohne die Tiere und Menschen, die mich umgeben, wäre dies niemals möglich gewesen.

Ich bin erfüllt von Dankbarkeit, dass ich eine wunderbare Familie habe, die mich unterstützt. Danke, Mama, dass du immer da bist, und danke, Papa, dass du in meinem Herzen bist. Danke, lieber Jürgen, dass du hinter mir stehst, mir hilfst, meine Träume und Wünsche umzusetzen, und deine Kreativität in mein Wirken einfließen lässt. Ich bin so dankbar, dass ich dich habe.

Ich danke meinen lieben Freundinnen Conny und Alexandra, ihr seid mein Computer, wenn die Festplatte voll ist, und helfende Hände bei meiner Arbeit. Ihr inspiriert mich und ermahnt mich stets, mich nicht zu klein zu machen. Danke, liebe Tina, dass du dir meine geistigen Ergüsse anhörst und dich niemals darüber beklagst.

Ich bedanke mich auch herzlich bei Heidi und Markus Schirner: Es ist so schön, zu eurer »Familie« zu gehören. Danke für euer Vertrauen in mich und meine Arbeit.

Außerdem bedanke ich mich bei meiner Lektorin Barbara Rave. Du hast es wieder einmal geschafft, mit mir gemeinsam ein tolles Werk entstehen zu lassen. Danke für deine Anregungen und Fragen.

Zuletzt bedanke ich mich bei euch, liebe Leser, für euer Vertrauen. Ohne euch könnte ich letztendlich gar nichts bewirken.

DANKE!

Über die Autorin

Beate Seebauer wurde 1971 in einer kleinen Stadt im tiefen Süden Deutschlands geboren. Ihr ganzes Leben schon begleiteten sie tierische Freunde.
Zunächst machte sie auf Wunsch ihres Elternhauses nach dem Schulabgang eine kaufmännische Ausbildung. Wirklich erfüllend fand sie diese Tätigkeit jedoch nie. Daher begab sie sich schließlich auf die Suche nach ihrer Bestimmung beziehungsweise nach ihrer Lebensaufgabe.

Durch eine konkrete Fachausbildung Mensch und Tier helfen zu können, wünschte sie sich schon seit Längerem, und so begann sie im Jahr 2003 eine umfangreiche Ausbildung zur Heilpraktikerin. Als staatlich geprüfte und anerkannte Heilpraktikerin widmet sie sich seither der Hilfe und Unterstützung von Tier und Mensch durch homöopathische Naturheilkunde. Als Therapeutin ist sie sehr erfolgreich in der Anwendung bioenergetischer Harmonisierungen und radionischer Haaranalysen, mit denen sie die Gesundung unserer tierischen Schützlinge auf seelischer und auch auf körperlicher Ebene unterstützt.

In ihrer Tätigkeit als Tierkommunikatorin erspürt sie oftmals während eines Tiergespräches gesundheitliche Leiden und Gebrechen eines Tieres und erleichtert so die Diagnosestellung durch den Tierarzt, mit dem Ziel, dass es letztlich allen Beteiligten wieder gut geht – dem Menschen des Tieres ebenso wie dem Tier selbst, egal ob Hund, Katze, Pferd, Hase, Hamster oder auch Vogel.

Als Autorin ist es ihr ein Anliegen, die Botschaften der Tiere allen Menschen nahezubringen.

Bildnachweis

Die Illustrationen im Buch stammen von www.fotolia.com:

#23181903 © leremy
#23733049 © Tanja Bagusat
#28888688 © lynea
#30013975 © Levente Janos

Von der Autorin ebenfalls erschienen im Schirner Verlag

Beate Seebauer
Körperfühlen bei Tieren
Krankheiten und Schmerzen erkennen und behandeln
136 Seiten
ISBN 978-3-8434-1285-8

Beate Seebauer
CD: Körperfühlen bei Tieren
Geführte Meditationen für die praktische Anwendung des Körperscans
ca. 53 Minuten
ISBN 978-3-8434-8344-5

Tierkommunikation, insbesondere der sogenannte Körperscan, macht es uns möglich, uns in den Körper eines Tieres einzufühlen. Auf diese Weise können wir Blockaden erspüren, sein Befinden ergründen und dementsprechend handeln.
Anhand von Übungen, Meditationen und Praxisbeispielen erklärt uns die erfahrene Tiertherapeutin Beate Seebauer, wie Körperfühlen funktioniert. Dann können wir die Methode auch selbst praktizieren. Schließlich wünschen wir unseren tierischen Freunden nur eines: dass sie sich rundum wohlfühlen.

Beate Seebauer
Traumatisierten Tieren helfen
Wege zur Heilung der Tierseele
Mit einem Vorwort von Jeanne Ruland
112 Seiten
ISBN 978-3-8434-5146-8

Beate Seebauer
CD: Traumatisierten Tieren helfen
Die Meditationen zum Buch
ca. 56 Minuten
ISBN 978-3-8434-8333-9

Ängstliche Hunde, verschreckte Katzen und unberechenbare Pferde sind in der heutigen Zeit keine Seltenheit. Oft liegt ihrem Verhalten ein unverarbeitetes Trauma zugrunde – und das ist nicht nur ein Problem von Tieren aus dem Tierheim, sondern auch von solchen, die in einem sicheren und schönen Zuhause aufgewachsen sind. Selbst Banalitäten wie eine umfallende Vase oder ein lautes Feuerwerk können unsere tierischen Freunde verunsichern.
Von Seelenrückholungen über Vergebungsrituale bis hin zu Therapiemöglichkeiten aus der Alternativmedizin – mit diesen Werkzeugen können wir unsere Lieblinge unterstützen und sie wieder in Einklang mit ihrer Seele bringen.

Beate Seebauer

Der Weg zum Tierflüsterer

Tiere verstehen lernen und
diese Berufung erfolgreich leben

184 Seiten

ISBN 978-3-8434-1202-5

Mit Tieren sprechen …das kennen Sie vielleicht aus berühmten Filmen wie »Der Pferdeflüsterer«. Doch diese Fähigkeit gibt es wirklich. Und ja: Auch Sie können »flüstern«. Wie, das zeigt Ihnen die erfolgreiche Tierkommunikatorin Beate Seebauer. Sie lässt Sie an ihrem großen Erfahrungsschatz teilhaben und gibt Ihnen viele Übungen und Meditationen an die Hand, mit denen Sie Ihre Berufung zum Tierflüsterer leben können. Von ethischen Grundsätzen bei der Arbeit über den Umgang mit vermissten Tieren bis hin zu Tipps für die berufliche Selbstständigkeit:

In diesem Buch finden Sie alles, was Sie brauchen, um Tierkommunikator zu werden!